Annette Vosswinkel

Paul, Lisa & Co

Leseheft: Ein Hundekrimi

A1.1

Deutsch für Kinder
Deutsch als Fremdsprache

Hueber Verlag

Quellenverzeichnis:

S. 4: weinen © Getty Images/DigitalVisionVectors/RobinOlimb
S. 5: schnell © FourLeafLover – stock.adobe.com
S. 7: Grippe © AKim – stock.adobe.com
S. 10: stehlen © Getty Images/iStock/emrVectors
S. 15: kaputt © owattaphotos – stock.adobe.com
S. 16: reich: Jörg Saupe, Düsseldorf; Lärm: Mascha Greune, München
S. 18: Hundehütte © blueringmedia – stock.adobe.com
S. 21: Dieb © Robert Kneschke – stock.adobe.com
S. 22: Polizist © paper_owl – stock.adobe.com; Verkehrsschilder © stockphoto-graf – stock.adobe.com
S. 23: Taschenlampe © GraphicsRF – stock.adobe.com
S. 25: in der Garage parken: Mascha Greune, München
S. 27: böse © Getty Images/iStock/pixelliebe; Detektiv © Getty Images/iStock/Meilun;
     ins Gefängnis kommen © Vectorfair.com – stock.adobe.com
S. 29: Gift © Getty Images/iStock/Art_rich

Illustrationen: Zacharias Papadopoulos, Athen
Bildredaktion: Nina Metzger, Hueber Verlag, München

5.   4.   3.   Die letzten Ziffern
2028   27   26   25   24   bezeichnen Zahl und Jahr des Druckes.
Alle Drucke dieser Auflage können, da unverändert,
nebeneinander benutzt werden.
1. Auflage
© 2012 Originalausgabe: Hueber Hellas Verlag GmbH, 153 43 Athen, Griechenland
© 2021 Hueber Verlag GmbH & Co. KG, München, Deutschland
Umschlaggestaltung: Sieveking Agentur, München
Layout und Satz: Christina Aliverti, Athen
Verlagsredaktion: Katrin Dorhmi, Hueber Verlag, München
Druck und Bindung: Friedrich Pustet GmbH & Co. KG, Regensburg
Printed in Germany
ISBN 978–3–19–371559–3

Art. 530_28428_001_03

Hallo, wir sind Paul, Lisa & Co!

Hallo, ich bin Paul.
Ich mag Fußball und
spiele gern mit
meinen Freunden.

Hi, ich bin Julia.
Meine Hobbys sind Tennis
spielen, Musik hören und
tanzen.

Ich finde Fußball super!
Und ich sammle Modell-
autos. Ach ja, ich heiße
Felix.

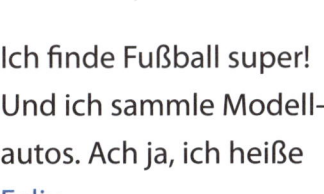

Ich bin Alex. Ich spiele gern
Fußball und Basketball und
ich fotografiere gern.

Ich bin Lisa. Mein Lieblingsfach
ist Musik und ich lerne Klavier.
Das ist mein Hund Tobi:
Er ist ein Beagle.

Wau!

Und das ist mein kleiner Bruder:

Ja, ich bin Oskar. Ich esse gern
Schokolade, kann Karate und
Tobi ist *mein* Hund.

Paul:	Toll! Keine Schule, viel Zeit … Und am Sonntag fahren wir nach Österreich.
Lisa:	Und ich besuche meine Oma und dann fahre ich ins Ferienlager.
Alex:	Keine Schule: Ist das nicht ein bisschen langweilig?
Paul, Lisa, Julia:	Alex!
Julia:	Wir können Musik hören, tanzen, Tennis oder Basketball spielen, Computerspiele machen …
Alex:	Keine Lust! Das machen wir jeden Tag, das ist langweilig.
Julia:	Ja, hm … richtig. Ich habe eine Idee. Wir können einen Ausflug machen. Wir haben doch Fahrräder. Wir können nach …
Lisa:	Oskar! Was machst du denn hier? Weinst[2] du?

[1] der Park = großer Garten für alle   [2] weinen =

Lisa:	Was ist denn los[1], Oskar? Warum weinst du?
Oskar:	Ich wei … weine nicht. To … Tobi ist … kann nicht …
Lisa:	Oskar! Was hat Tobi? Was kann Tobi nicht?
	Nun rede endlich![2] Was ist los?
Alex:	Lisa, stopp! Oskar, ganz ruhig[3]. Was hat Tobi?
	Was kann Tobi nicht?
Oskar:	Tobi … Tobi ist krank[4].
Julia, Paul:	Krank? Warum? Was hat er?
Oskar:	Er kann nicht laufen und er kann auch nicht bellen[5].
Julia:	Nicht bellen?
Paul:	Nicht laufen?
Oskar:	Ja, komm schnell[6], Lisa!
Alex, Julia, Paul:	Wir kommen auch.

....

[1] Was ist denn los? = Was hast du?

[2] Nun rede endlich! = Sag jetzt etwas!

[3] Ganz ruhig! = hier: Weine nicht mehr!

[4] krank ↔ gesund

[5] bellen = das macht der Hund: wau, wau

[6] schnell =

Paul: Moment mal. Ich habe eine Nachricht.

Hallo Paul, seid ihr im Park? Ich komme auch. Felix
Von: Felix
Montag, 11:00

Tobi ist krank. In fünf Minuten sind wir bei Lisa. Komm schnell!
Von: Paul
Montag, 11:03

Tobi auch? Komme sofort[1].
Von: Felix
Montag, 11:06

....
[1] sofort = jetzt

2 Bei Lisa

Oskar: Armer Tobi![1]

Lisa: Armer, armer Tobi!

Felix: Was hat er denn?

Alex: Er ist krank.

Julia: Er kann nicht laufen und auch nicht bellen.

Felix: Das ist aber mysteriös[2].

Paul: Warum?

Felix: Der Hund von Frau Weber ist auch krank, der Hund von Herrn Baumann auch. Sie können auch nicht laufen und bellen und sind auch Beagles.

Paul: Und warum ist das mysteriös? Das kann doch eine Grippe[3] sein.

Felix: Paul! Die Hunde können nicht laufen und bellen. Das ist doch keine Grippe.

Paul: Doch, das ist eine Hundegrippe!

Lisa: Mysteriös oder nicht mysteriös. Grippe oder nicht Grippe. Schluss jetzt! Wir gehen sofort zum Tierarzt. Wir gehen zu Doktor Vogel.

....

[1] Armer Tobi! = Oh nein, Tobi ist krank! Das ist nicht schön.

[2] mysteriös = nicht normal; es gibt viele Fragen

[3] die Grippe =

3 Bei Doktor Vogel

Dr. Vogel:	Hallo, Kinder! Was macht ihr denn hier?
Lisa:	Tobi ist krank. Er kann nicht laufen und auch nicht bellen.
Dr. Vogel:	Ach ja? Das ist aber mysteriös!
Felix:	Das sage ich ja auch.
Lisa:	Felix!
Dr. Vogel:	Dann wollen wir Tobi mal untersuchen[1].
Oskar:	Da kann ich nicht zusehen![2] Julia, was macht Doktor Vogel?
Julia:	Er untersucht die Augen von Tobi, die Ohren, das Maul, das Fell, die Pfoten …

....

[1] untersuchen = das macht der Arzt   [2] Da kann ich nicht zusehen! = Das kann ich nicht anschauen!

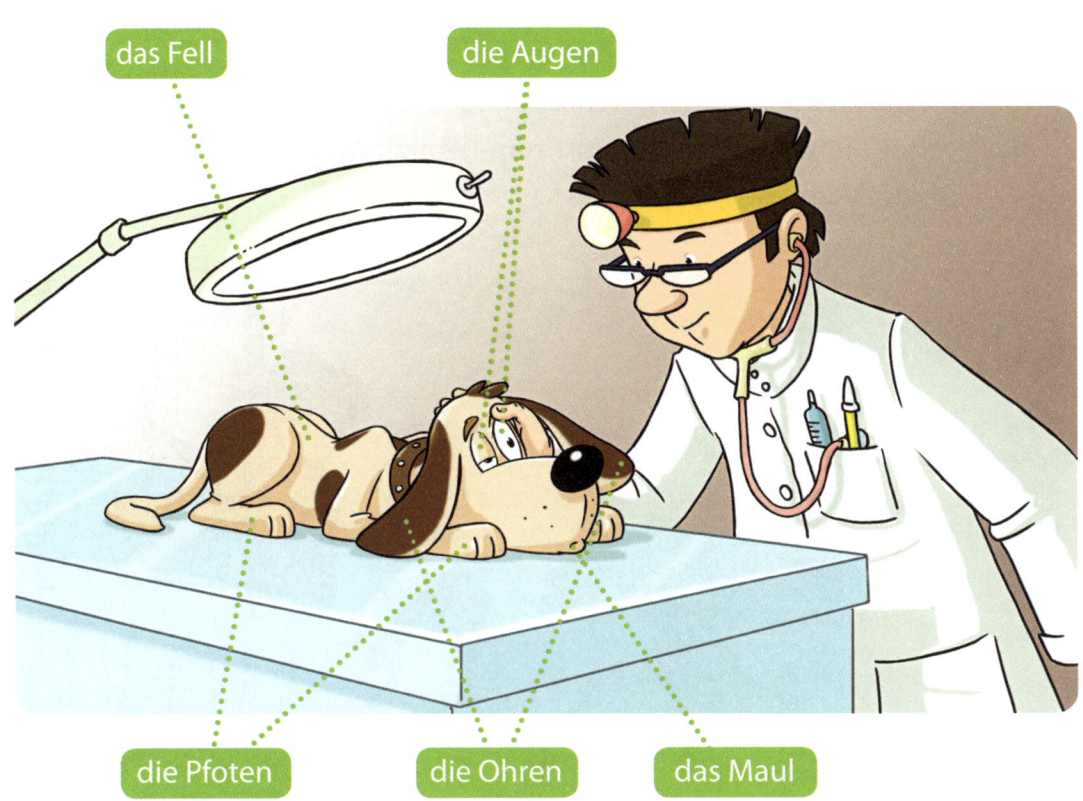

das Fell   die Augen

die Pfoten   die Ohren   das Maul

Dr. Vogel:	Das ist aber mysteriös!
Lisa:	Was denn?
Dr. Vogel:	Tja, Tobi hat Elemotopathie.
Lisa:	Ele … was?
Dr. Vogel:	Elemotopathie. Das haben oft die Elefanten in Afrika.
Julia:	Aber wir sind doch nicht in Afrika!
Paul:	Und Tobi ist doch kein Elefant!
Dr. Vogel:	Ja, das ist mysteriös.

4 Neuigkeiten[1]

Lisa:	Ich habe eine Nachricht von Felix. Treffpunkt[2] im Park, um 9 Uhr.
Oskar:	Ich will jetzt nicht! Ich will bei Tobi bleiben.
Lisa:	Jetzt schläft Tobi. Du kommst auch!

....

[1] die Neuigkeiten = etwas ist neu
[2] der Treffpunkt = dort gehen alle hin

Lisa:	Was ist los, Felix?
Paul:	Ja, was sind deine Neuigkeiten?
Felix:	Die zwei Hunde von Frau Schmidt sind auch krank.
	Auch Elemoto …
Alex:	Elemotopathie.
Felix:	Ja, O.K. Und der Hund von Herrn Baumann ist weg[1].
Julia:	Was heißt „weg"?
Oskar:	Gestohlen[2]?
Paul:	Aber Oskar, das ist doch Quatsch[3]. Wer stiehlt[4] denn kranke Hunde!
Alex:	Und was können wir machen?
Felix:	Keine Ahnung.
Lisa:	Oskar und ich gehen jetzt nach Hause[5]. Wir wollen bei Tobi sein.

....

[1] weg = nicht da

[2] gestohlen → stehlen =

[3] Das ist doch Quatsch. = Das ist falsch.

[4] stiehlt → stehlen

[5] nach Hause gehen = in das Haus gehen, wo man wohnt

Paul:	Und wir? Was machen wir jetzt? Spielen wir Karten?
Alex:	Nein, ich habe keine Zeit.
Felix:	Ich auch nicht.
Paul:	Julia?
Julia:	Nein, keine Lust. Ich möchte nicht Karten spielen.
	Und Computerspiele auch nicht.
Paul:	Max kann wieder etwas Neues[1]. Möchtest du das hören?
Julia:	Max lernt aber schnell! Was sagt er denn?
Paul:	„Paul ist super."
Julia:	Genial[2]! Das möchte ich hören.
	Und Mia?
Paul:	Mia spricht nicht. Aber sie ist auch lustig, sie singt und fliegt viel.

....

[1] etwas Neues = etwas ist neu
[2] genial = toll

11

5 Wer ist das?

Lisa: Schau mal, der Mann. Er sieht aus wie Onkel[1] Peter.

Oskar: Ja, ein bisschen. Das ist Maximus Mausbart.

Lisa: *Wer* ist das?

Oskar: Maximus Mausbart.

Lisa: Das ist aber ein lustiger Name.

Oskar: Ja, aber er heißt wirklich[2] so.

Lisa: Echt? Und woher kennst du ihn?

Oskar: Am Samstag …

....

[1] der Onkel = Bruder von deiner Mutter oder von deinem Vater
[2] wirklich = es ist richtig

Mausbart:	Guten Morgen. Das ist aber ein schöner Beagle. Ist das dein Hund?
Oskar:	Ja.
Mausbart:	Und wie heißt dein Hund?
Oskar:	Tobi.
Mausbart:	Und wie alt ist Tobi?
Oskar:	Drei. Er ist drei Jahre alt.
Mausbart:	Ich heiße Maximus Mausbart. Und wie heißt du?
Oskar:	Oskar.
Mausbart:	Ein schöner Name. Du hast sicher viele Freunde.[1]
Oskar:	Na klar!
Mausbart:	Haben deine Freunde auch Beagles?

....

[1] Du hast sicher viele Freunde. = Ich glaube, du hast viele Freunde.

Lisa: Der Mann fragt aber viel. Warum? Das finde ich mysteriös.

Oskar: Keine Ahnung. Vielleicht[1] findet er Beagles süß.

Lisa: Wer ist der Mann? Wer ist Maximus Mausbart?
          Komm, wir gehen nach Hause und suchen im Internet nach
          Informationen.

Oskar: Ich will auch! Ich kann aber noch nicht im Internet suchen.
          Kannst du mir helfen?[2]

Lisa: Na klar. Wir suchen zusammen.[3]

....

[1] vielleicht = es kann sein

[2] Kannst du mir helfen? = Kannst du mir zeigen, wie man das macht?

[3] Wir suchen zusammen. = Ich suche mit dir.

6 Bei Paul

Julia: Los[1], Max! Sag: Julia ist super. Julia ist super.

Mutter: Hallo Julia. Paul, Tante[2] Rita ist hier. Sie braucht Informationen aus dem Internet. Aber ihr Computer ist kaputt[3]. Kannst du helfen?

Paul: Na klar!

Tante Rita: Paul, ich möchte einen Hund kaufen. Deine Freundin Lisa hat doch einen Hund. Der ist süß.

Paul: Ja, Tobi. Er ist ein Beagle.

Tante Rita: Ja, ich möchte einen Beagle. Kannst du im Internet suchen? Wo kann ich einen Beagle kaufen? Und wie viel kostet ein Beagle?

Paul: Ja, das kann ich machen.

Tante Rita: Danke! Ich komme dann morgen. Tschüss Paul, tschüss Julia.

Julia: Deine Tante ist toll. Und so schick!

Paul: Ja?!

Julia: Komm, wir suchen im Internet. Vielleicht finden wir einen süßen Hund für sie.

....

[1] Los! = das sagt man, wenn jemand etwas machen soll: Los, sag es mir! Los, wir starten!

[2] die Tante = Schwester von deiner Mutter oder deinem Vater

[3] kaputt =

Lisa: Schau mal. Das ist ja interessant!

Oskar: Was denn? Was denn?

---

[1] reich = man hat viel Geld

[2] der Lärm =   [3] der Kaviar = teure Eier von Fischen

||||||||||||||||| CITY-Zeitung |||||||||||||||||

Das Interview am Sonntag: Maximus Mausbart

Maximus Mausbart
im Casino von Las Vegas

Reporter: Herr Mausbart, was ist Ihr Beruf?

M. M.: Ich bin reich[1]. Ich habe keinen Beruf.

Reporter: Was ist Ihr Hobby?

M. M.: Ich spiele im Casino: Roulette, Blackjack … und ich sammle Gartenzwerge.

Reporter: Was sind Ihre Lieblingstiere?

M. M.: Ich habe kein Lieblingstier. Nur Fische sind O.K., die machen keinen Lärm[2].

Reporter: Was ist Ihr Sternzeichen?

M. M.: Keine Ahnung.

Reporter: Und Ihre Lieblingsmusik?

M. M.: Discomusik. Ich tanze gern.

Reporter: Vielen Dank für das Interview.

Maximus Mausbart im Casino von Monaco: Schöne Frauen, Champagner und Kaviar[3] …

Oskar: Mausbart findet nur Fische O.K. Beagles findet er nicht süß.
Warum fragt er dann? Das ist aber mysteriös.

Lisa: Das sage ich ja. Und schau mal hier.

ǀǀǀǀǀǀǀǀǀǀǀǀǀǀǀǀǀ CITY-Zeitung ǀǀǀǀǀǀǀǀǀǀǀǀǀǀǀǀ

12. Mai

Maximus Mausbart ist nicht mehr[1] reich. Er spielt nicht mehr in den Casinos von Las Vegas und Monaco. Keine schönen Frauen mehr, vorbei[2] der Champagner, vorbei der Kaviar.

Jetzt hat er auch einen Beruf: Er sammelt Dosen und verkauft[3] sie. Und er lebt auch nicht mehr in Paris und in New York. Er lebt hier, in einem Haus am Park. Er hat jetzt nur noch seine Gartenzwerge.

Lisa: Ich kenne das Haus.

Oskar: Maximus Mausbart sammelt jetzt Dosen und verkauft sie.

Lisa: Aber davon[4] kann er nicht leben.

....

[1] Er ist nicht mehr reich. = Jetzt hat er nur noch wenig Geld.

[2] vorbei der Champagner = es gibt keinen Champagner mehr

[3] verkaufen ↔ kaufen

[4] davon = von dieser Sache, von diesen Dingen

8 Hunde im Internet

Paul: Los, wir suchen jetzt im Internet!

Julia: Ja, los!

Paul: Was schreiben wir?

Julia: Na, „Beagles kaufen". Nein, lieber „verkaufen".

Paul: O.K.

Julia: Oh, schau mal hier, das ist in der Parkstraße.

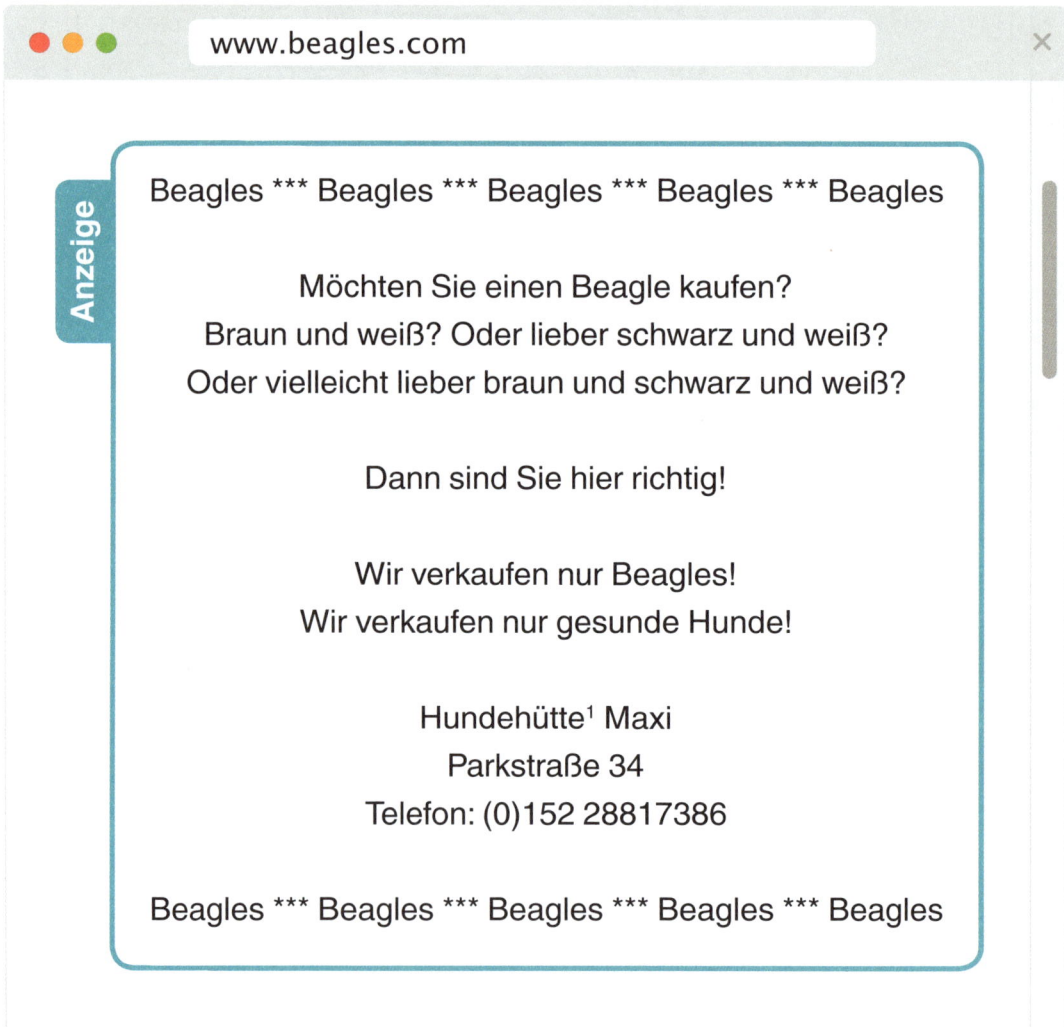

www.beagles.com ✕

Anzeige

Beagles *** Beagles *** Beagles *** Beagles *** Beagles

Möchten Sie einen Beagle kaufen?
Braun und weiß? Oder lieber schwarz und weiß?
Oder vielleicht lieber braun und schwarz und weiß?

Dann sind Sie hier richtig!

Wir verkaufen nur Beagles!
Wir verkaufen nur gesunde Hunde!

Hundehütte[1] Maxi
Parkstraße 34
Telefon: (0)152 28817386

Beagles *** Beagles *** Beagles *** Beagles *** Beagles

----

[1] die Hundehütte =

Julia:	Felix, was sind deine Neuigkeiten?
Felix:	Jetzt sind schon zehn Beagles weg!
	Die Hunde sind zwei Tage krank und dann sind sie weg.
	Und Tobi ist auch schon zwei Tage krank!
Paul:	Was machen wir? Wir brauchen einen Plan.[1]
Lisa:	Moment mal: Oskar und ich haben auch Neuigkeiten. Oskar?
Oskar:	Ja, Maximus Mausbart fragt viel: Wie alt ist denn dein Hund, Oskar?
	Wie heißt er? Haben deine Freunde auch Beagles? …
	Aber er findet Beagles nicht süß. Das ist mysteriös.
Julia:	Maximus Mausbart? Ha, ha, das ist ja ein lustiger Name!
Felix:	Ja, aber wer ist denn Herr Mausbart?
Lisa:	Hier, das sind Informationen aus dem Internet.
	Auf dem Foto sieht man auch, wo Mausbart jetzt lebt:
	in der Parkstraße 34.
Paul, Julia:	Parkstraße 34?!
Lisa:	Ja, warum?

....

[1] Wir brauchen einen Plan. = Wir müssen genau wissen, was wir jetzt machen.

Julia:	In der Parkstraße 34 ist die „Hundehütte Maxi".
Paul:	Und die verkauft Beagles!
Alex:	Ha! Mausbart ist der Dieb[1]!
Lisa:	Warum?
Alex:	Hundehütte Maxi – Maxi wie Maximus, der Vorname von Mausbart!
Lisa:	Aber Alex, bist du sicher? Die Hunde sind doch krank.
	Kein Mensch verkauft kranke Hunde!
Julia:	Ja, und hier: „Wir verkaufen nur gesunde Hunde."
	Das schreibt die Hundehütte Maxi.
Felix:	Ja, das ist Quatsch!
Paul:	Aber Tobi ist schon zwei Tage krank. Wir brauchen einen Plan!
Alex:	Ich habe einen Plan.

....

[1] der Dieb =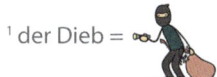

Alex: Hier. Die Polizei[1] sucht den Dieb auch.

Die **POLIZEI**
braucht Informationen.

Kannst du helfen?
Können Sie helfen?

Es sind schon fünfzehn Beagles weg.
Wer stiehlt die Hunde?
Wann? Wie? Warum?

Telefon oder Nachricht:
Polizeikommissar Knatter
(0)172 9968532

Paul: Knatter, Knatter … Den Namen kenne ich.

Alex: Ja, er macht manchmal den Verkehrsunterricht[2] in der Schule.

Paul: Ach ja! Und dein Plan?

Alex: Wir telefonieren und sagen alles Polizeikommissar Knatter.

Lisa: Der arme Mausbart. Er ist nicht mehr reich, er kann nicht mehr in Paris und New York leben, und dann kommt die Polizei und sagt: „Du bist der Dieb! Du stiehlst kranke Hunde."

Felix: Das geht nicht![3] Wir haben doch keine Beweise[4].

Paul: Ja, das ist kein Plan. Das ist Quatsch!

Julia: Ich habe eine Idee!

---

[1] die Polizei,

[2] der Verkehrsunterricht =

[3] Das geht nicht! = Das können wir nicht machen!

[4] die Beweise = sie zeigen: Mausbart ist der Dieb

Julia:	Wir brauchen die Fahrräder und Taschenlampen[1].
Paul:	O.K. Und?
Julia:	Treffpunkt: Lisas Garten, 20.30 Uhr. Die Eltern sind nicht da: Sie sind auf einem Elternabend[2] in der Schule. Wir warten[3]. Mausbart kommt. Er stiehlt Tobi. Wir folgen[4] Mausbart und finden die Hunde.
Felix:	Vielleicht kommt Mausbart aber schon um sieben.
Julia:	Nein, dann ist es noch hell[5].
Alex:	Der Plan ist doof!
Julia:	Warum? Hast du einen Plan? Nein!
Lisa:	Der Plan von Julia ist gut. Das machen wir!
Felix:	Aber vielleicht ist Mausbart ja nicht der Dieb.
Lisa:	Ja, vielleicht.

....

[1] die Taschenlampe =

[2] der Elternabend = die Eltern sprechen in der Schule mit den Lehrern

[3] warten = am gleichen Platz bleiben

[4] Wir folgen Mausbart. = Wir gehen Mausbart nach (aber er sieht uns nicht).

[5] Es ist noch hell. = Es ist noch Tag und man kann noch etwas sehen.

11 Bei der Polizei

Polizist[1] Kerber:	Guten Morgen, Herr Kommissar.
Knatter:	Guten Morgen, Kerber.
Polizist Kerber:	Haben wir neue Informationen?
Knatter:	Neue Informationen?
Polizist Kerber:	Na, die Hunde.
Knatter:	Ach, die Beagles. Nein, wir haben keine neuen Informationen und wir haben auch keine alten[2] Informationen. Wir haben überhaupt keine Informationen.
Polizist Kerber:	Herr Kommissar, ich möchte Sie etwas fragen.
Knatter:	Was denn, Kerber?
Polizist Kerber:	Warum stiehlt der Dieb kranke Hunde, Herr Kommissar?
Knatter:	Keine Ahnung!

....

[1] der Polizist = er ist bei der Polizei
[2] alt ↔ neu

12 Tobi

Lisa: Echt blöd! Mausbart parkt sein Auto in der Garage[1].
Was macht er jetzt mit Tobi? Wo ist Tobi?

Paul: Was machen wir jetzt?

Felix: Wir warten. Vielleicht bellt Tobi ja.
Dann hören wir ihn und können ihn finden.

Julia: Das ist Quatsch. Tobi kann doch nicht bellen. Er ist doch krank.

Alex: Wie spät ist es?

Paul: Es ist Viertel nach neun.

Alex: Oh! Um halb zehn kommen die Eltern vom Elternabend nach Hause.

Paul: Oh nein, richtig. Das ist nicht gut!

Oskar: Tobi, Tooobi, Tobi, wo bist du?

Tobi: Wau, wau! Wau, wau!

Oskar: Hier, hier! Kommt! Tobi ist hier. Und er ist gesund. Er bellt.

....

[1] in der Garage parken =

13 Die Polizei kommt

Felix: Alex, was machst du?

Alex: Ich telefoniere.

01729968532
Kommissar
Knatter

Alex: Kommissar Knatter?

Knatter: Ja?

Alex: Ich bin Alex. Aus Klasse 4b.

Knatter: Klasse 4b?

Alex: Ja, der Verkehrsunterricht.

Knatter: Ja, richtig. Was ist los, Alex?

Alex: Wir haben den Hundedieb. Wir sind in der Parkstraße 34.
        Die Hunde sind auch hier. Kommen Sie schnell!

Knatter: Ihr habt den Hundedieb? Den Beagledieb? Aber wie? Wann? Was?

Alex: Kommen Sie schnell!

Julia:	Papa, was machst du denn hier?
Vater:	Eine Nachricht von Kommissar Knatter.
Julia:	Papa, bist du böse[1]?
Vater:	Nein. Aber ihr könnt doch nicht Detektiv[2] spielen!
Julia:	Das mache ich auch nie wieder![3]
	Äh, Papa … Das ist die Tante von Paul. Rita.
Vater:	Guten Abend.[4]
Rita:	Guten Abend. Und Sie sind Markus, der Vater von Julia?

Oskar:	Lisa, was ist denn jetzt mit Mausbart? Kommt er ins Gefängnis[5]?
Lisa:	Vielleicht. Vielleicht aber auch nicht.

....

[1] böse =

[2] der Detektiv =

[3] Das mache ich auch nie wieder! =
Das mache ich nicht mehr.

[4] Guten Abend. ↔ Guten Morgen.

[5] ins Gefängnis kommen =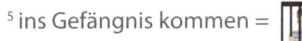

14 Mausbart bei der Polizei

Knatter: Los, Mausbart! Sprechen Sie! Sie stehlen Hunde und verkaufen sie dann über das Internet. Aber warum stehlen Sie nur Beagles? Und warum sind die Hunde krank und dann wieder gesund? Los, sprechen Sie!

Mausbart: Ich bin nicht mehr reich, ich habe keinen Beruf und ich brauche Geld …

Knatter: Ja, ja, schön, schön. Aber das finde ich nicht interessant. Warum nur Beagles?

Mausbart: … und ich kann auch nicht gut laufen. Ich kann keine Hunde stehlen. Hunde laufen schnell und bellen laut.

Knatter: Ja, aber diese Hunde können nicht laufen und bellen. Sie sind krank, aber dann wieder gesund. Wie machen Sie das?

Mausbart: Ich habe einen Freund. Er heißt Wolfgang, Wolfi. Er ist Chemiker[1] und er macht Experimente. Er ist genial. Im Februar …

....

[1] der Chemiker → Bild Seite 29

Mausbart:	Na, was machst du, alter Freund?
Wolfi:	Ich will ein blaues Pferd machen. Wie der Maler Franz Marc.
	Drei Jahre mache ich schon Experimente, aber …
Mausbart:	Ein blaues Pferd? Warum?
Wolfi:	Warum? Warum? Geld, mein lieber[1] Maximus. Geld.
	Mit einem blauen Pferd bin ich reich. Millionen[2]!
Mausbart:	Ja, aber wer braucht denn ein blaues Pferd?
Wolfi:	Ach, Maximus … Hier, das ist für dich. Das brauche ich nicht.
	Das ist ein Gift[3], aber lustig.
Mausbart:	Gift und lustig?
Wolfi:	Na klar. Das ist für Beagles.
Mausbart:	Nur für Beagles?
Wolfi:	Ja, das ist schade, aber was kann ich machen?
Mausbart:	Du sagst „Gift"? Werden die Beagles davon krank?
Wolfi:	Ja, Elemotopathie.
Mausbart:	Elemoto … Was ist das?
Wolfi:	Sie können nicht laufen und nicht sprechen, äh, bellen.
	Elemotopathie haben oft die Elefanten in Afrika. Für die
	Elefanten ist das eine schlimme Krankheit[4]. Für die Beagles nicht.
	Sie sind nur drei oder vier Tage krank und dann sind sie wieder
	gesund. Lustig, nicht?
Mausbart:	Na ja. Und was kann ich mit dem Gift machen?
Wolfi:	Keine Ahnung. Tschüss, mach's gut.

....

[1] lieb = gut

[2] eine Million = 1 000 000

[3] das Gift =

[4] eine schlimme Krankheit =
 man ist sehr krank

der Chemiker

15 Eine gute Idee

Knatter:	Hallo, Kinder. Was ist los? Ist Tobi O.K.?
Lisa:	Ja, Tobi ist gesund. Er bellt und läuft. Alles ist O.K.
Knatter:	Warum seid ihr dann hier?
Lisa:	Wir möchten etwas fragen.
Knatter:	Ja?
Lisa:	Kommt Mausbart jetzt ins Gefängnis?
Knatter:	Ja. Warum fragt ihr?
Lisa:	Wir haben eine Idee, eine gute Idee.
Paul, Felix:	Eine super Idee!
Knatter:	Ich höre.

Lisa:	Da seid ihr ja.
Alex:	Seid ihr fertig?
Lisa:	Ja. Los, Oskar. Wir gehen jetzt …
Oskar:	Wohin?
Julia:	Das sagen wir nicht. Das ist eine Überraschung.[1]
Oskar:	Ich will nicht! Ich will mit Tobi spielen.
Lisa:	Du kommst und Tobi kommt auch!

....

[1] Das ist eine Überraschung. = Das sage ich dir erst später.

Oskar: Das ist ja Mausbart!

Lisa: Ja, er arbeitet[1] jetzt hier im Tierasyl[2].

Oskar: Und findet er Hunde jetzt süß?

Lisa: Was meinst du?

....

[1] arbeiten = eine Arbeit machen
[2] das Tierasyl = dort leben Tiere, wenn sie kein Zuhause haben

ENDE